JE 91 645

I0101528

DES

ÉLECTEURS

ET

DES ÉLUS.

. . . . hoc opus
Si patriæ volumus , si nobis vivere cari.

HOR....

PAR A. G. F.

BIBLIOTHEQUE ROYALE

LYON

CHEZ LES MARCHANDS DE NOUVEAUTÉS

1831

DES ÉLECTEURS

ET

DES ÉLUS.

\\\

Sans doute dans l'état de crise et de souf-
france où nous nous trouvons réduits depuis
quinze ans, nous aurions besoin d'autres remè-
des et d'autres consolations que des promesses
et des paroles, comme depuis le premier août
elles nous sont prodiguées à satiété. Mais chacun,
comme on sait, ne peut donner que ce qui est
en son pouvoir.

Malgré les dégoûts et même les menaces con-
tinuellement dirigés contre les écrivains qui, aux
dépens de leur repos et même de leur liberté,
osent encore faire entendre la voix de la vérité,

et qui, armés du glaive de l'opinion, prennent la
défense des principes assaillis de toutes parts, je
m'écrierai avec les héros de juillet : Ne vous re-
butez pas, esprits énergiques et courageux, con-
tinuez à éclairer de vos lumières vos concitoyens,
à leur inspirer l'amour du bien public, à dé-
masquer les ambitieux hypocrites, à déjouer les
sinistres complots de la tyrannie, à vouer à
l'exécration présente et future tous les ennemis
et les vampires de la patrie. C'est par vos efforts
généreux et constans, que, prévenant les plus
grands maux, vous pourrez amener un autre ordre de chose et à sa suite le bonheur commun
trop long-temps ajourné.

Quand je vois des détracteurs de la presse, il
me semble voir des tigres furieux et désespérés
de ce que l'on porte le jour dans le repaire de
leurs atrocités. La liberté d'écrire est la juste
censure de tous les abus, le conseil général des
choses utiles, la sentinelle des droits des citoyens, et en dernière analyse, une espèce de
magistrature universelle. Mais si la liberté
d'écrire est le plus grand des biens, sans con-

tredit son abus doit être le plus grand des maux,
car la licence n'est pas plus la liberté que le fa-
natisme n'est la religion.

Fruit du hasard et des circonstances, cet écrit,
hâtivement conçu et produit, n'offrira point au
lecteur un style poli et brillant; ne recherchant
d'autre éloquence que celle du bon sens, je n'ai
d'autre but que d'appeler l'attention des électeurs sur le choix des élus; car c'est de ce choix
que dépend notre félicité.

Les intrigans et les meneurs ont toujours traité
le peuple comme un chien (qu'on me passe le
terme). Pour se rendre cet animal favorable, les
voleurs d'une maison le caressent et lui donnent
du pain; pour gagner le peuple et l'avoir à sa
dévotion, on l'amadoue en lui jetant à la tête
ces grands mots si séduisans de *bien* et de *bonheur public*...... Plein de bonté et de confiance,
le peuple mord à l'hameçon et ne reconnaît son
erreur que lorsqu'il n'est plus temps. Depuis
huit mois les pilotes du vaisseau de l'Etat nous
promettent une riche cargaison d'abondance et

de bonheur; dans ce cas-là le trajet ou la quarantaine sont un peu longs : mais hélas ! le bienaimé n'arrive pas. Peuple crédule et facile à séduire, qu'ils sont coupables ceux qui entreprennent de te tromper! Ils peuvent bien, à la faveur de l'imposture, surprendre quelque temps ton estime et ton amitié; mais le bandeau de l'erreur déchiré, qu'ils tremblent, les lâches hypocrites! je les vois prêts à tomber sous le glaive de ta justice, quelquefois lente à punir, mais toujours inévitable.

O révolution de juillet, tu mérites bien d'être citée entre toutes tes compagnes, comme tu te distingues d'elles par un caractère et des traits vraiment dignes des temps héroïques ! Oui, toi seule as osé résister aux attentats de l'oppression, toi seule as su défendre, conserver et venger l'honneur français; tes enfans enfin, préférant à un vil esclavage un trépas glorieux, ont bravé les plus grands périls et se sont immolés au salut de la patrie. Héros de juillet, pardonnez à mon cœur le faible hommage qu'il vous rend; pour être tel que vous le méritez, il faudrait avoir vos vertus.

Qui peut se vanter de savoir lire dans le livre obsur de l'avenir? et qui jamais aurait imaginé qu'un jour, non seulement on imposerait silence aux écrivains, mais que par des réquisitoires on les traduirait sur les bancs destinés aux criminels? O glorieuse semaine, pourquoi n'as-tu pas prolongé ton existence trois mois!!! Que d'abus auraient été détruits, que d'ambitieux seraient rentrés dans le néant, d'où ils n'auraient jamais dû sortir! Car un pays en proie à d'ambitieux effrénés en reçoit plus de mal que de ses plus cruels ennemis. Ce sont autant d'implacables vautours qui lui déchirent le sein; dévorés de plus en plus de la soif ardente de dominer, les ambitieux n'ont jamais assez de pouvoir; tandis que impatiens du joug, les sujets le trouvent toujours trop pesant.

Quand verrons-nous donc entre les gouvernans et les gouvernés s'établir un juste et parfait équilibre ?

Hypocrite, flatteur, adroit, insinuant, jouant le sentiment et l'homme généreux, l'ambitieux n'est qu'un égoïste renforcé, qui, cachant ses projets ultérieurs sous le voile spécieux de l'intérêt public, se fait de nombreux partisans et marche chaque jour de succès en succès. Bientôt et à vue d'œil le colosse s'élève et s'agrandit. Devenant inquiet et soupçonneux, il ne tarde pas à ne voir autour de lui que des rivaux et des concurrens. C'est alors que, levant le masque et ne gardant plus aucun ménagement, il prend un ton fier, imposant, absolu; qu'il écarte ou franchit tous les obstacles et qu'il tente de tout asservir à son joug; à moins que, tout à coup dessillés, les esprits ne viennent à sa rallier pour renverser ce dominateur.

Electeurs, je crois vous avoir esquissé le portrait de l'ambitieux ; mais avant de vous parler de l'homme digne de vos suffrages, je crois devoir dire un mot sur la loi des élections, loi qui heureusement peut être revisée et même refondue. N'importe, telle qu'elle est, elle peut, avec des députés vraiment patriotes, aider le roi-citoyen à rendre à la France sa prospérité et sa dignité.

La charte de 1830, en détruisant tout ce qui
tendait au gouvernement tyrannique, a conservé
l'aristocratie qu'elle a cimentée par l'oligarchie ;
heureusement que le cens qui fixe aujourd'hui
le nombre des électeurs est plus en rapport avec
l'esprit de la nation. Nous avons moins à crain-
dre ceux qui par leurs intrigues se sont jusqu'à
ce jour mis à la tête des affaires ; qui ne cessent
de chercher à s'y maintenir par les mêmes voies,
et à léguer à leurs enfans le rang et les places
qu'ils occupent ; mais grâces soient rendus à la
dernière séance de la Chambre des Pairs, la
France a pu juger des opinions de quelques uns
de ses membres, qui, en raison de l'hérédité maintenue dans la chambre aristocratique, tend à s'u-
nir étroitement pour traiter le peuple en esclave.
Espérons donc que de nouvelles élections déli-
vreront la patrie d'une pairie héréditaire, car le
titre de pair ne doit être conféré que comme une
récompense pour les services rendus, cette dignité devient une grande émulation et une res-
source pour le trésor de l'Etat, qui n'est pas
toujours assez riche pour payer ceux qui ne cessent de sacrifier leur temps, leurs veilles et

même quelquefois leur vie pour assurer sa félicité. Si la situation actuelle était maintenue, le
gouvernement pourrait tomber dans un état de
corruption. Que la loi ne permette donc plus de
remplir deux emplois à la fois; qu'il ne soit plus
permis de proposer une loi comme ministre, et
venir ensuite voter comme député ; que le juge,
le préfet, le général, ne puissent jamais être élus ;
la France veut des députés indépendans qui
n'aient d'autres guides que leur patriotisme et
leur conscience : on conviendra qu'il est plus
aisé de multiplier ses devoirs que de les remplir.

Tout ce qui est beau et honnête étant l'essence
de notre monarchie; le prince ne désirant que
la gloire de son règne, ne voulant l'acquérir que
par des voies honorables, se trouvant élevé au
dessus des autres citoyens par ses vertus et sa
puissance, se persuade qu'il est lui-même la loi
et qu'il n'existe que pour le bonheur du peuple.
Alors son gouvernement va inspirer la crainte et
le respect au dedans et au dehors, non seulement par l'uniformité des principes, mais encore par la droiture et la bonne foi; car on doit
plus compter sur sa parole que sur les sermens
des autres hommes.

Tout nous ramenant à l'unité, l'univers étant présidé par l'Être suprême, les états doivent l'être par autant de souverains constitutionnels qui entretiendront dans leurs états l'harmonie qui doit régner dans l'Europe. Alors ils rempliront cette si haute destinée, et retraceront en eux-mêmes les vertus de Dieu dont ils sont l'image : pour cela faire ils gouverneront leurs sujets avec la tendresse d'un père, les soins vigilans d'un pasteur, l'impartiale équité de la loi.

J'ose le dire : voilà les devoirs attachés à la royauté.

Comme il n'est pas donné à un simple mortel d'entretenir l'ordre par ses volontés, il faut des lois dans une monarchie tempérée par un pouvoir législatif: sans ce frein, tout gouvernement deviendrait tyrannique. On a présenté une bien juste image quand on a dit que la loi était l'ame d'un état : en effet, si on détruit la loi, l'état n'est plus qu'un corps sans vie.

La loi doit être claire, précise, toute en faveur

de la vertu ; qu'elle laisse le moins de choses à la
décision du magistrat ; elle sera sévère, mais le
juge ne doit jamais l'être, car il vaut mieux ab-
soudre un criminel que de condamner un inno-
cent ; dans le premier cas le jugement est une
erreur, dans le second c'est une impiété.

Les lois, impuissantes par elles-mêmes, em-
pruntent leurs forces uniquement des mœurs ;
qui sont autant au dessus d'elles, que la vertu
est au dessus de la probité ; c'est par les mœurs
que l'on préfère ce qui est honnête à ce qui n'est
que juste, et ce qui est juste à ce qui n'est qu'u-
tile. Elles arrêtent le citoyen par la crainte de
l'opinion, tandis que les lois ne l'effrayent que
par la crainte des peines.

L'esclave peut être soumis par la crainte, mais
l'homme libre ne doit obéir qu'à la justice.

Une bonne législation est le chef-d'œuvre du
cœur humain, de l'expérience et de la sagesse
réunis ensembles, c'est donc d'une bonne législation que dépend la liberté, la fille aimée de la

nature, et la religieuse gardienne et observatrice des lois.

Mais quiconque aime cette liberté sans énergie risque de la perdre, et ceux qui l'aiment sans discernement et sans règle ne s'en rendent pas dignes.

Caton devrait être leur modèle.

Electeurs, que l'homme vertueux seul obtienne vos suffrages; par vertu, j'entends la vertu politique, qui n'est autre chose que l'amour de la patrie. Ne calculez pas la plus ou moins grande fortune, elle est souvent le fruit d'une ambition démesurée ; plus cette fortune est grande, plus son propriétaire tend à la domination. Ayez toujours à la mémoire que les richesses ont enfanté l'aristocratie.

Mais si vous devez vous mettre en garde contre l'aristocratie, méfiez-vous de ces gens qui vous parleront de république. Sachez que la démocratie ne ressemble pas mal à la théocratie; la première règne au nom du peuple, la seconde au nom de Dieu : ni l'une ni l'autre ne se mettent guère en peine de leurs commettans.

Enfin la France très confiante dans vos choix attend des hommes digne d'elles, des hommes qui n'auront d'autres désirs que d'être les esclaves de la loi, du devoir, de la vertu et de l'honneur.

Cela étant, la France est sauvée.

FIN.

IMPRIMERIE ANDRÉ IDT, LYON, RUE ST-DOMINIQUE.

www.ingramcontent.com/pod-product-compliance
Lightning Source LLC
Chambersburg PA
CBHW060734280326
41933CB00013B/2640